PRIÈRE

A SA SAINTETÉ

LE PAPE PIE IX,

SUR LA

RÉSURRECTION DE NAPOLÉON

A ROME

ET POUR LA CÉLÉBRATION RELIGIEUSE DE L'ANNIVERSAIRE
DE LOUIS-NAPOLÉON, EN FRANCE.

Précédée de l'Abrégé Généalogique des Familles Impériale et Présidentielle
de la France ; et suivie du Décret institutif de la FÊTE NATIONALE,
ainsi que d'une Oraison à la TRÈS-SAINTE-VIERGE.

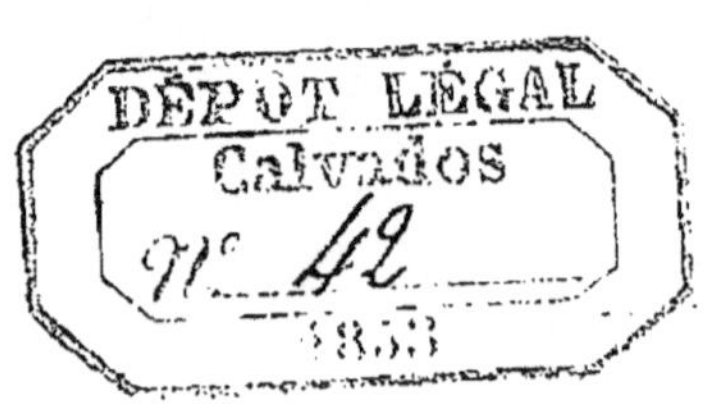

CAEN,

IMPRIMERIE ADMINISTRATIVE ET COMMERCIALE B. DE LAPORTE ET Cⁱᵉ.

Rue Saint-Etienne, 120.

1852.

ABRÉGÉ DE LA GÉNÉALOGIE

DES FAMILLES

IMPÉRIALE ET PRÉSIDENTIELLE

DE LA FRANCE.

Les nobles époux Charles BONAPARTE, et Lœtitia FESCH (1).

Ont eu pour Enfants :

NAPOLÉON et ses frères et sœurs.

Napoléon, élu premier Consul, par le choix du Peuple français, a eu pour première épouse : Madame JOSÉPHINE, veuve de M. le vicomte Alexandre de BEAUHARNAIS, président de l'Assemblée nationale, général en chef de l'armée du Rhin (2), et qui avait deux enfants : 1° Le Prince Eugène, Vice-Roi d'Italie, marié, sous le titre de Duc de Leuchtemberg, à la Princesse Auguste-Amélie de Bavière, dont le fils aîné a été l'époux de Dona Maria II, reine de Portugal, et dont le second fils donne actuellement le jour, comme époux de la grande duchesse Olga, à la Génération naissante des Grands-Ducs de Russie ; 2° Madame la Princesse Hortense de BEAUHARNAIS, enfants adoptifs de Nopoléon, qui a été proclamé Empereur des Français, a été couronné et sacré, avec l'impératrice Joséphine.

Il a eu pour seconde épouse :

La Princesse MARIE-LOUISE, Archiduchesse d'Autriche, qui était nièce de Marie-Antoinette, épouse de Louis XVI, roi de France.

(1) Sœur de Monseigneur le Cardinal Fesch, oncle maternel de l'Empereur Napoléon.

(2) Député de la noblesse, il fut condamné à mort par le Tribunal révolutionnaire, le 23 juillet 1794.

De ce second mariage, est issu :

JOSEPH-FRANÇOIS-CHARLES NAPOLÉON, NÉ ROI DE ROME, DUC DE REICHSTADT, petit neveu de Marie-Antoinette, dernière reine de France, et mort sans postérité.

Au nombre des frères de l'Empereur Napoléon, était :

Sa Majesté LOUIS BONAPARTE, Roi de Hollande, qui, par son mariage avec Madame HORTENSE DE BEAUHARNAIS, belle-fille de l'Empereur, devenue aussi sa belle-sœur, était fait le gendre, par alliance, de son frère, sa majesté l'Empereur des Français.

De ce mariage, est issu :

Le Prince LOUIS-NAPOLÉON, neveu paternel de l'Empereur, son petit-fils adoptif, et petit-fils de l'Impératrice Joséphine, cousin-germain du duc de Reichstadt, oncle, à la mode de Bretagne, des grands ducs de Russie; trois fois élu par le suffrage universel, d'abord, DÉPUTÉ, et ensuite, premier PRÉSIDENT de la République Française (1).

Le 5 Juin 1815, les électeurs du Calvados, rendant un hommage national à NAPOLÉON, et répondant à sa devise, exprimée le 26 mars précédent :

« *Tout à la Nation, et tout pour la France !* »

lui disaient :

« *Tout à la Patrie, et tout pour l'Empereur !* »

On sait que, depuis, le vœu du suffrage universel a été beaucoup plus unanime pour le Prince-Président, et que les millions de voix se sont prodigieusement multipliées pour le petit-fils et neveu de l'Empereur.

(1) Nous ne pouvons présenter, quant à présent, que les principaux éléments de cette double Généalogie, dont l'arbre, majestueusement élevé, a poussé de profondes racines parmi toutes les populations, et étend ses rameaux puissants sur plusieurs Trônes très considérables de l'Europe.
Quelques recherches la compléteront ultérieurement.

A Monseigneur,

    Monseigneur le Prince LOUIS-NAPOLÉON ,

  Premier Président de la République française,

MONSEIGNEUR ,

Un des premiers dogmes de la Religion Catholique, Apostolique et Romaine, professée par la grande majorité des Français , nous prescrit la soumission et l'obéissance aux puissances temporelles établies sur la terre.

Quelle autorité est plus légitime que celle dont vous êtes revêtu, qui émane évidemment de Dieu, puisqu'elle vous a été conférée par l'acclamation du Peuple français, doué d'ailleurs de trop de discernement et de pénétration pour méconnaître ses devoirs envers l'aurité qu'il a créée lui-même ?

Mais, de son côté, le Prince sait trop bien quelles sont, de sa part, les conséquences des droits qu'il exerce envers les Citoyens, et quels sont les égards qui dérivent, en leur faveur, de la sollicitude, de la bienveillance, de la protection qu'il doit aux populations placées sous son égide. Il y a contrat synallagmatique, et cette réciprocité de prévenances, cette mutuelle déférence du chef aux subordonnés et de ceux-ci au Souverain, doivent engendrer un concert d'actions de grâces à rendre à la Divinité, pour l'heureuse harmonie qu'elle a daigné faire régner dans la nation, à laquelle elle a inspiré le choix du Prince chargé de veiller à ses destinées.

Or, il y a donc nécessité de réunions religieuses , pour exprimer au Ciel les accents de reconnaissance, de remercîments, et lui adresser les actes d'allégresse, de réjouissance et d'adoration, qui sont dus à Dieu pour un si grand bienfait ? Et quelle occasion plus sainte, plus propice que les cérémonies du Patronage sous lequel la France a longtemps célébré un glorieux anniversaire ?

Vous voudrez, Monseigneur, partager la joie des Français réunis sous d'aussi augustes auspices, et vous daignerez accueillir favorablement l'œuvre, qui, en évoquant le souvenir de la miséricorde divine, en faveur du prince, votre homonyme au XIIIe siècle, montre combien on doit compter sur sa prédilection envers vous-même, Monseigneur, qui avez si noblement défendu la cause de la religion et de la paix publique.

Intimement persuadé que cet exemple de la compassion du Sauveur pour le jeune prince NAPOLÉON, devra vous concilier tous les cœurs droits, et la confiance de tous les Peuples, j'ose vous supplier, Monseigneur, d'agréer le très-humble hommage de ce document archéologique, et de la supplique par laquelle j'ai demandé à SA SAINTETÉ de bénir votre Saint-Patronage, et d'en ordonner la *célébration religieuse*, le jour auquel il doit être classé dans la sainte légende, qui, autrefois, l'avait fixé à l'époque de l'ASSOMPTION.

En m'octroyant la grâce que j'implore de votre suprême volonté, vous comblerez les vœux de celui qui a l'honneur d'être,

Monseigneur,

Votre très-humble et très-obéissant serviteur,

BLIN,
Ancien Secrétaire du Parquet,
Et ancien Avoué à la Cour d'Appel de Caen.
Rue de l'Ecu, 12, à Caen.

A Caen, le 25 Février, jour des Cendres, 1852.

OBSERVATION PRÉLIMINAIRE.

En adressant mes respectueuses supplications au Saint-Siége, pour le rétablissement de l'anniversaire religieux de SAINT NAPOLÉON, et en proposant humblement à Monseigneur le Prince-Président de la République française d'ériger ce Patronage en Fête nationale, je n'ai présenté que dans une forme anecdotique et très-succinte le pieux drame de la Résurrection du Prince romain, gage certain de la prédilection divine.

Le Saint-Père, très pénétré de la connaissance infuse de ces miracles, est tellement édifié de ces saints mystères, que la citation a dû être abrégée, autant que l'exigeait le cadre étroit d'une supplique. Mais l'autorité laïque, appelée à contempler et à apprécier ces actes de la divine Providence, doit examiner de plus amples détails pour comprendre et juger jusqu'à quel point le Ciel, dans ses décrets, a pu avoir dessein de commander la confiance des Saintes Filles, par des exemples frappants et palpables d'une puissance surhumaine, en les rendant témoins, elles-mêmes, de l'oracle exprimé par la bouche du Patriarche, qui ordonnait la résurrection, afin de les convertir à une vie qu'elles devaient accomplir dans une retraite perpétuelle.

L'opération miraculeuse, réalisée sous leurs yeux, n'a-t-elle point eu pour principal objet, plutôt d'éclairer leur esprit et de les préparer à une héroïque résolution, qui devait servir de dogme et de règle générale à toutes ces dignes servantes de Dieu, en les déterminant à se séquestrer du monde, que de consoler l'oncle, le pieux Cardinal, de la mort du neveu ressuscité ?

Si Napoléon a été l'instrument de ce grand mystère, combien ne devons-nous pas admirer en lui l'affection divine qui l'a destiné à servir d'interprète pour une si heureuse conversion !

Il faut donc faire connaître sommairement aussi et comme par une sorte de préambule, puisé dans la biographie de saint Dominique, tout ce qui a préludé à cette mission angélique, et même ce qui en a été la suite nécessaire :

« SAINT DOMINIQUE naquit à Calarvega (appelé en Espagnol Calervega), petite ville du diocèse d'Osma, dans la vieille Castille, l'an 1170, sous le Pontificat d'Alexandre III, et le règne d'Alphonse VIII, surnommé le Bon.

« Selon le témoignage des auteurs, les parents de notre saint :

Don Félix de Gusman et D. Jeanne de Aza, n'étaient pas moins recommandables par leur foi vive, féconde en toutes sortes de fruits de justice et de charité, que par l'antiquité de leur noblesse, et par tous les autres avantages que le monde estime.

Nous devons honorer, d'autant plus, les travaux et les efforts du Saint Patriarche Dominique, qu'il était appelé l'APÔTRE de la FRANCE, au XIIIe siècle ; et il y a cette singulière remarque à noter spécialement, que c'est le 2 DÉCEMBRE 1216, que Sa Sainteté Honoré III, successeur d'Innocent III, lui fit un accueil très bienveillant et confirma solennellement son ordre. Le saint fondateur s'en réjouit tellement, qu'il est très persuadé que la foi catholique en sera considérablement illustrée ; comme le 2 DÉCEMBRE 1851, le Prince appelé au gouvernement de la France en a miraculeusement changé les institutions, profondément convaincu qu'il travaillait aussi pour le bonheur des Peuples.

« L'estime qu'avait le Pape de la capacité de Dominique, et le crédit qu'il s'était acquis sur l'esprit des Romains, le lui firent choisir pour une œuvre qu'on jugeait, avec raison, aussi difficile que nécessaire. Il s'agissait de rassembler dans un même monastère, et de résoudre à une clôture perpétuelle toutes les Religieuses de la ville, qui vivaient d'une manière peu conforme à la sainteté de leur état : les unes, dans divers petits monastères, qui n'étaient point réguliers ; les autres, dans la maison même de leurs parents ; toutes, dans une entière liberté de sortir, à leur gré, de cette espèce de retraite, et de se montrer dans tous les lieux où les autres personnes de leur sexe pouvaient paraître. Cette coutume qui, pour être ancienne, n'en était pas moins sujette à bien des inconvénients, avait souvent attiré l'attention du Souverain Pontife.

« Innocent III avait résolu d'y remédier, et il était mort sans avoir vu l'exécution de son dessein. Son successeur, avec le Sacré-Collège, venait de publier un décret pour une réforme dont tout le monde devait sentir la nécessité et l'importance, mais dont on n'osait guère se promettre le succès.

« Le prédécesseur d'Honoré III avait autrefois destiné l'église de Saint-Sixte pour servir de lieu de retraite commune à toutes les Vierges consacrées à Dieu par les vœux de religion ; mais cette même église venait d'être donnée à saint Dominique et à son ordre. Les religieux y avaient fait les réparations nécessaires, et s'y étaient déjà logés en grand nombre. Cela pouvait faire naître une nouvelle difficulté. Le saint fondateur, pour lever lui-même cet obstacle, représenta au Pape que si Sa Sainteté jugeait à propos de placer ses frères à Sainte-Sabine, les religieuses trouveraient à Saint-Sixte un monastère déjà tout prêt, assez vaste et fort commode. La proposition fut acceptée, et on chargea le serviteur de Dieu de faire consentir les religieuses à la clôture, *afin qu'il fût plus facile de les gouverner et de les garder ;* ce sont les termes du nouveau décret qu'on expédia pour cela (1).

« Le Saint demanda qu'on voulût nommer en même temps trois cardinaux pour travailler de concert avec lui, et faciliter le succès de la commission : le cardinal Hugolin, doyen du Sacré-Collége, Nicolas, évêque de Tusculum, et Etienne de Fosseneuve, cardinal, prêtre du titre des DOUZE-APÔTRES, furent choisis pour cela.

Beaucoup de plaintes s'élevèrent d'abord, les oppositions, qui avaient déjà eu lieu en très grand nombre, recommencèrent de toutes parts ; les religieuses réclamaient fortement une image de la Vierge, qu'on disait peinte par SAINT LUC (qui a transmis son nom à l'antique et célèbre Académie de peinture).

« A tout cela, saint Dominique n'opposa que la persuasion et la prière. Après avoir recommandé cette affaire à celui qui tient en ses mains nos volontés, pour en faire ce qui lui plaît, Dominique se rendit au monastère de SAINTE MARIE, où on conservait l'image de la Vierge ; et la communauté ayant été assemblée, il leur expliqua, en peu de mots, les intentions du Saint Pontife, et l'intérêt qu'elles avaient de s'y conformer de bonne grâce, soit pour leur propre repos, soit pour donner à toutes les religieuses de Rome un exemple de docilité capable de leur procurer les solides avantages que les épouses de Jésus-Christ doivent uniquement estimer ; mais dont elles ne sauraient se rendre dignes, qu'en conformant leur vie à la sainteté de leur profession.

« L'homme de Dieu avait la charité dans le cœur et la vérité fut victorieuse dans sa bouche. Ses paroles eurent d'abord tout l'effet qu'il en espérait. L'abbesse, la première, et toutes les autres, à son imitation (une seule exceptée), firent vœu entre ses mains, d'aller où il jugerait à propos de les conduire, et de faire tout ce qu'il ordonnerait pour leur perfection, pourvu qu'il leur fût permis d'emporter avec elles la *sainte image,* et qu'on leur en assurât pour toujours la possession. La condition acceptée, le moment fut arrêté pour l'exécution.

Après avoir vaincu de nouvelles et nombreuses difficultés, venant du monde, des familles et des parents des religieuses, qui voulaient qu'elles continuassent de vivre en liberté, il redoubla ses exhortations et ses efforts pour les réunir par la persuasion.

« L'abbesse donna une seconde fois l'exemple, qui fut aussitôt

____

(1) Ut et faciliùs, possent regi, et cautiùs custodiri..... Considerans autem servum Christi Dominicum, per omnia religiosum, devotum, et in cunctis gratiosum, eidem hoc opus pium exequendum commitere dignum duxit.

suivi par toutes ses religieuses. S'étant mises de nouveau sous la conduite du saint Patriarche, elles le supplièrent de vouloir leur continuer ses soins, et de régler, par ses lumières, tout ce qui les regardait. Dominique, dès ce moment, prit toutes les précautions qui parurent nécessaires, tant pour les affermir dans leur dernière résolution, que pour écarter les personnes du dehors, qui auraient pu essayer encore de les combattre. Il commit, pour cela, la garde du monastère à quelques-uns de ses disciples, dont il connaissait la prudence et la fermeté. On travaillait cependant avec diligence à mettre la maison de Saint-Sixte dans l'état qui pouvait convenir à une nombreuse communauté de religieuses ; car c'étaient toutes celles qui se trouvaient alors dispersées dans la ville de Rome qu'on voulait y réunir.

(Ce fut à cette période que s'accomplit la résurrection du seigneur NAPOLÉON, *neveu du cardinal* ETIENNE, *prêtre des Douze-Apôtres.)* *(Voyez ci-après, page 13.)*

« Les Frères Prêcheurs ayant pris possession de l'église et du couvent de Sainte-Sabine, où ils sont encore aujourd'hui, ces nouvelles filles de saint Dominique furent introduites, sans délai, dans celui de Saint-Sixte ; et, en y entrant, elles reçurent toutes des mains du serviteur de Dieu, ses statuts, sa règle et son habit, afin que cette uniformité d'habillement et de pratiques régulières fût comme le symbole de la parfaite union qui devait désormais régner dans leur esprit et dans leur cœur..... Tout ceci se passa avant le premier Dimanche de Carême 1218.

« Il ne restait plus, pour la consolation des religieuses, qu'à leur remettre l'image de la Sainte Vierge..... S'étant rendu le soir, avec deux cardinaux, à l'église de Sainte-Marie, au-delà du Tibre, saint Dominique se chargea de ce précieux fardeau ; et, marchant nu-pieds, environné d'un grand nombre de personnes de qualité, qui, le flambeau à la main, joignirent leur voix à celle du clergé, pour chanter les louanges de Dieu et de sa sainte Mère, il porta ce sacré dépôt au couvent de Saint-Sixte. Les religieuses le reçurent à la porte, avec tous les sentiments de respect qu'une piété pleine de confiance peut inspirer à des vierges chrétiennes ; et elles l'ont toujours conservé (1).

(1) Romani verò gloriosam illam imaginem genitricis Mariæ, quæ apud moniales trans Tiberium manserat, indè aufferri nolebant, eò quòd ibi pareret eis accessus facilior imaginem intuendi. Idcircò Pater providus nocte sequenti, duobus cardinalibus : Nicolao Tusculano Episcopo, et domino Stephano, cujus nepotem suscitaverat, comitantibus, aliisque plurimis personis, cum multitudine præcedentium et subsequentium luminarium, nudis pedibus incedentibus cunctis desideratissimam illam Virginis matris imaginem deportavit. Quam sorores, nudis pedibus, in oratione positæ expectantes, cum lacrimis et cordis jubilo, susceperunt, etc.

« Ce que saint Dominique avait prévu arriva selon ses désirs : sa nouvelle communauté ne fut pas plutôt établie dans le monastère de Saint-Sixte, que presque toutes les religieuses, jusqu'alors dispersées dans des maisons particulières de Rome, se présentèrent, d'elles-mêmes, pour s'y renfermer aussi et y faire profession de la même règle. Elles reçurent, comme les premières, l'habit du saint Fondateur. Dans moins de deux mois, il eut la satisfaction d'avoir consommé ce que tant d'autres n'avaient pu exécuter dans l'espace de plusieurs années. Mais ce qui dut le consoler plus sensiblement, fut la piété persévérante de ces chastes épouses de Jésus-Christ. Plusieurs illustres Romaines, pour imiter leur exemple, préférèrent à toute la gloire du monde, l'honneur de consacrer leur virginité à l'époux immortel, dans une sainte retraite, dont la bonne odeur se répandit bientôt au loin.

« Le saint Pape Pie V, dans le seizième siècle, transféra les religieuses de Saint-Sixte au célèbre monastère de MAGNA-NAPOLI, où on a toujours vu, comme on y voit encore aujourd'hui, plusieurs illustres princesses dont la naissance est relevée par la piété.

« Clément VIII rendit cependant aux Frères Prêcheurs l'église de Saint-Sixte par la bulle du 19 juillet 1602, dans laquelle il fait mention de presque tout ce que nous avons dit dans ce chapitre, et, en particulier, DES TROIS MORTS RESSUSCITÉS PAR LES PRIÈRES DE SAINT DOMINIQUE. »

A Sa Sainteté

Le Très Vénérable et Très Souverain Pontife,

Le Pape PIE IX.

TRÈS SAINT-PÈRE,

Pardonnez, s'il vous plaît, au plus infime et au plus indigne des enfants de la Sainte-Église, dont vous êtes le chef visible et vénéré, d'implorer votre haute intercession auprès du Dieu Tout-Puissant pour l'auguste prince LOUIS-NAPOLÉON, premier Président de la République française ; et daignez permettre qu'en ce jour de la PURIFICATION de la sainte Mère de Dieu, j'invoque l'assistance de la Divinité pour assurer l'accomplissement des actes immortels par lesquels ce prince, placé, par la Providence, à la tête de la nation, a entrepris de purger la France du vandalisme et de tous les autres excès qui la souillaient depuis quelques années.

Dès il y a longtemps, Dieu a accordé ses bontés à l'invocation de NAPOLÉON !

La vie de SAINT-DOMINIQUE, justement appelé le glorieux patriarche, la lumière du monde, la colonne de l'Église, le boulevart de la foi, nous retrace la prédilection de notre Seigneur Jésus-Christ pour un jeune Seigneur qu'il a ressuscité aux ferventes prières de Saint-Dominique ; et cette résurrection est rapportée dans une édition typographique de 1739, du révérend père TOURON, qui donne l'historique de la réunion des religieuses de Rome, dans le monastère de Saint-Sixte, où a eu lieu ce prodige, en leur présence et en celle d'une assemblée innombrable, qui en ont été les témoins, le jour des Cendres 1218 ; mission dont Sa Sainteté avait chargé le bienheureux Saint-Dominique.

L'auteur fait observer que c'était le troisième mort que Rome avait vu ressusciter dans cet établissement ; et cet événement domine tellement les deux autres, qu'on en a exposé tout l'appareil; tandis que, quant aux deux premiers, on s'est borné à leur simple mention ; et il fait connaître l'insigne faveur avec laquelle le Ciel exauce les vœux qui lui sont adressés pour NAPOLÉON ; et combien ce nom, dont le plus digne, le plus éminent titulaire est toujours illustré par une brillante auréole de gloire, signe de la protection divine, est puissant auprès du Roi des rois.

Si la résurrection du gentilhomme romain était un miracle opéré devant la multitude, l'événement prodigieux, qui vient de changer si heureusement la face de la France, est assurément une métamorphose beaucoup plus merveilleuse.

Voici comme se traduit le miracle romain :

« Le jour des Cendres 1218, tout était disposé de la manière qu'on le pouvait désirer (pour la réunion des religienses). L'abbesse accompagnée d'une partie de ses religieuses, se rendit au nouveau monastère, pour le visiter, ou pour en prendre possession. Elle était dans le chapitre avec Saint-Dominique, et les trois cardinaux que le pape avait commis pour cette affaire. On y traitait des droits, des revenus et de l'administration de la nouvelle communauté, lorsqu'un jeune homme, entrant précipitamment dans le cloître, leur apprit, avec des cris effroyables, que le seigneur NAPOLÉON, neveu du cardinal Étienne de Fosseneuve (fils de sa sœur) (1), était tombé de cheval, et s'était tué par cette chute. A ces paroles, cet oncle infortuné, se laissant, lui-même, tomber sur la poitrine de Saint-Dominique, qui se trouvait à son côté, perdit la parole, et par son silence même, il fit connaître de quelle douleur son âme était remplie.

---

(1) L'empereur Napoléon, ressuscité dans la personne de son neveu , et dans la qualité de Souverain de la France, devenue sa veuve, était aussi neveu d'un cardinal, Monseigneur le cardinal Fesch, et fils de sa sœur : c'est encore un des traits allégoriques du népotisme du XIIIe siècle.

« Pendant que notre saint s'efforçait d'en diminuer l'amertume,
par tout ce que la charité et la religion pouvaient inspirer dans de
semblables rencontres, le père Tancrède, un de ses religieux, prit la
liberté de lui parler ainsi :

« Où est maintenant votre compassion, mon père ?

« Où est votre foi et votre confiance en Dieu ?

« Que ne soulagez-vous la juste douleur de l'oncle, en lui rendant son neveu ?

Saint Dominique fit apporter le corps de NAPOLÉON et ayant averti
Tancrède de préparer incessamment un autel, il se disposa à offrir
le saint sacrifice de la messe. Les trois cardinaux, les religieux et les
religieuses se rendirent à l'église, où il y eut un grand concours de
peuple (1). Pendant la célébration des divins mystères, après avoir
arrosé l'autel de ses larmes, le Saint, à l'élévation de l'hostie, parut
dans un ravissement d'esprit qui semblait annoncer ce que Dieu
allait bientôt opérer par son ministère. Après la messe, il s'approcha
du cercueil, recommença sa prière, remit ensuite, de ses mains, les
membres brisés du défunt, dans leur situation naturelle ; et, faisant
le signe de la croix, plein de confiance en la bonté de Dieu, il dit
tout haut :

« NAPOLÉON, je vous dis, au nom de notre Sauveur Jésus-Christ,
de vous lever !

« *Adolescens Napoleo, in nomine Domini nostri Jesu-Christi,
tibi dico, surge !*

« A la voix de cet ami de Dieu, la mort rend sa proie. Le jeune
homme aussitôt se lève, vivant et plein de santé, en présence de son
oncle et de toute cette grande assemblée (2).

« Si la consolation du pieux cardinal Etienne de Fossesseuve fut
parfaite, la joie parut commune dans le Sacré-Collége et parmi

(1) Yves, évêque de Cracovie et Chancelier de Pologne, également présent
à ce miracle, en fut tellement touché, qu'il sollicita et obtint de Saint Dominique l'habit de son ordre puor ses deux neveux : Hyacinthe et Ceslas, qui l'ac-
compagnaient.

(2) Statim videntibus cunctis, qui ad tam grande spectaculum confluxerant,
sanus incolumis surrexit.

tous les fidèles. Le vicaire de Jésus-Christ renouvela ses actions de grâces au Tout-Puissant, de ce qu'il daignait ainsi, dans des jours malheureux, multiplier les mêmes prodiges qui avaient servi au premier établissement de son Eglise. Les Juifs, les hérétiques, les libertins ne refusaient pas, du moins, leur admiration à l'évidence du miracle, qui aurait dû les convertir, si les grâces extérieures opéraient la conversion. Les religieuses surtout en firent leur profit : celles-ci, pour persévérer constamment dans la sainte résolution de se montrer désormais fidèles à leurs obligations et à tous leurs engagements; celles-là, pour fixer enfin leur esprit ; et les autres, pour se rendre, d'elles-mêmes, dans le sanctuaire qu'on avait préparé pour toutes, et qui venait d'être illustré par un miracle si éclatant : c'était le troisième mort que Rome avait vu ressusciter dans le monastère de Saint Sixte. »

La résurrection du jeune prince, qui s'est relevé vivant, à la voix de Saint Dominique, parlant au nom de Notre-Seigneur-Jésus-Christ, est évidemment l'image de l'empereur NAPOLÉON, qui avait si heureusement fermé la révolution française, la première année même du siècle où nous vivons, et qui, un demi siècle plus tard, est ressuscité en la personne de son neveu, *à la voix du peuple, qui est la voix de Dieu*, selon la judicieuse expression d'un pieux ecclésiastique, M. le curé de Crosne, département de Seine-et-Oise, pour être, de nouveau, le tuteur de la France, dont il a affermi la religion, en rétablissant l'ordre civil, et dont le Souverain est toujours *le fils aîné de l'Eglise catholique.*

Cette prédestination n'enseigne-t-elle pas quelles actions de grâces la nation française et l'Europe même doivent rendre à Dieu? et en quelle autre solennité, plus digne et plus majestueuse que celle du jour où on pourrait célébrer religieusement le patronage de saint NAPOLÉON ?

Sous l'Empire, c'était à l'époque de l'Assomption, l'une des grandes gloires de la Mère de Dieu, dont la puissante protection était implorée, ce jour-là, par les processions générales qu'un vœu royal avait consacrées.

Je supplie très-humblement Votre Sainteté de me pardonner, si j'ose rappeler cette grande férie, et exprimer très-respectueusement combien il serait heureux pour la France que cette solennité fût également ressuscitée dans un des beaux jours de l'année. Cet auguste anniversaire paraît bien digne du mois AUGUSTE où il était autrefois si cher à cette nation. C'est aussi dans le mois d'août, le 4, que nous honorons saint Dominique, auquel on doit la résurrection de NAPOLÉON ; c'est encore dans le même mois, le 25, que se rencontre le jour dédié à saint LOUIS, l'un des patrons du Prince français.

Il semble que tout milite pour que le grand nom patronimique et symbolique soit religieusement invoqué et solennisé dans le mois le plus propice aux joies de tous les Peuples.

Mais on ne peut former, ni réaliser un tel vœu, que s'il paraissait digne de la sanction de l'Église, et s'il était revêtu de votre sainte approbation,

Très-Saint, Très-Vénérable et Très-Souverain Pontife,

Le suppliant osant implorer très-respectueusement
votre pardon, et votre Sainte Bénédiction,
Au nom de Dieu, le Père, le Fils et le Saint-Esprit,
Ainsi-soit-il !

BLIN.

Caen, le 2 Février 1852.

A son Éminence,

Monseigneur le Nonce apostolique, près Monseigneur le Prince Président de la République française.

MONSEIGNEUR ,

Je vous supplie d'avoir la bonté de faire mettre sous les yeux de Sa Sainteté la très-humble et très-respectueuse supplique ci-jointe, dont j'ai l'honneur de transmettre à votre éminence une copie certifiée ; vous suppliant de m'accorder votre appui, pour l'accomplissement de mes vœux, par la célébration religieuse de la fête de SAINT-NAPOLÉON.

Daignez agréer l'hommage du très-profond respect avec lequel j'ai l'honneur d'être ,

De votre Éminence,

Monseigneur,

Le très-humble et très-reconnaissant serviteur,

BLIN.

A Caen, le 2 Février 1852.

A Monseigneur,

Monseigneur le Prince LOUIS-NAPOLÉON,

Premier Président de la République française.

MONSEIGNEUR,

Je suis d'autant plus profondément convaincu que vous êtes l'élu de Dieu, par la voix du Peuple, pour cicatriser les plaies faites à la France, depuis qu'elle est veuve de votre oncle illustre, qui a été pour elle le bras droit de la Providence, qu'il y a sept siècles, le ciel s'est montré admirablement favorable aux humbles prières qui lui étaient adressées pour la résurrection d'un jeune Prince du nom de NAPOLÉON, qui fut rendu à la tendresse de son oncle, un pieux cardinal, dont les regrets touchèrent la miséricorde du Sauveur.

Comme FILS AINÉ DE L'EGLISE CATHOLIQUE, vous avez voulu, ainsi que le glorieux Empereur, ressuscité en votre personne, ou plutôt votre immortel précurseur, rendre à la religion sa splendeur, et au chef de la chrétienté toute sa puissance et sa sécurité. En restituant au culte l'église patronale de la capitale, et en sanctifiant le repos dominical, vous avez montré que le gouvernement de la France veut honorer l'autorité devant laquelle toutes les puissances doivent s'incliner profondément.

Fidèles au principes de cette sainte subordination, nous devons instamment demander que nos vœux et nos hommages vous soient rendus, Monseigneur, en présence de la Divinité, dans le jour consacré à la célébration religieuse de votre auguste Patronage, que, pendant le règne de NAPOLÉON Ier, nous avions coutume de solenniser sous les auspices de la Mère de Dieu.

J'ai osé supplier Sa Sainteté, le 2 de ce mois, jour de la Purification, de vouloir bien rétablir le culte de ce Patronage, qui nous est si cher, et qui sera sans cesse commémoratif de vos immenses bienfaits.

Daignez ne pas improuver l'humble supplique, dont un exemplaire accompagne la présente, et agréer l'hommage du plus profond respect avec lequel j'ai l'honneur d'être,

Monseigneur,

Votre très-humble et très-reconnaissant serviteur,

BLIN.

A Caen, le 14 Février 1852.

A Monseigneur,

Monseigneur le Prince JÉRÔME NAPOLÉON, *président du Sénat.*

MONSEIGNEUR ,

—

La France, en célébrant religieusement la Fête de SAINT-NAPOLÉON, se rappellerait avec bonheur ce glorieux Anniversaire, malheureusement supprimé depuis 37 ans, et qui était le symbole de sa grandeur.

Ce nom est tellement aimé de Dieu, qu'il était celui d'un seigneur romain, que le Sauveur daigna ressusciter, étant mort prématurément, par suite d'un accident imprévu, et parce qu'à la voix de Saint Dominique, le Ciel le rendit à la tendresse de son oncle, pieux cardinal. Ce miracle est d'autant plus constant qu'il a eu pour témoins, trois cardinaux, une foule de religieux et religieuses, outre une multitude innombrable, accourue au monastère de Saint-Sixte, le jour des Cendres 1218, à Rome.

Le rétablissement actuel de ce saint patronage serait commémoratif de la résurrection de l'Empereur NAPOLÉON dans la suprême dignité dont Dieu a revêtu son neveu, par la voix du Peuple et l'a rendu LE FILS AINÉ DE L'ÉGLISE.

La Constitution présidentielle du 15 janvier dernier, délègue au Sénat la prérogative spéciale de connaître du droit de Pétition. Cette prérogative ne peut être plus dignement inaugurée, qu'en statuant sur l'humble demande que je vous supplie, Monseigneur, de soumettre au Sénat, et tendant à faire réinstituer religieusement le

Patronage de Saint-Napoléon, comme j'ai dû préalablement en prendre l'initiative auprès du Saint-Siége, par ma très humble supplique à Sa Sainteté, en date du 2 de ce mois, et dont je crois devoir, Monseigneur le Président, vous transmettre un exemplaire ci-joint.

Je vous supplie d'appeler à ce sujet la délibération de la vénérable compagnie que vous présidez, afin qu'elle puisse prendre en considération l'objet de ma très-respectueuse pétition, et qu'elle ordonne les mesures qu'elle jugera nécessaires pour que l'Anniversaire de Saint-Napoléon soit classé au nombre des Fêtes nationales et religieuses, où la France puisse invoquer les bénédictions du Ciel sur le chef de sa souveraineté, et renouveler annuellement ses adorations, en faisant éclater son allégresse et ses actions de grâces.

Daignez agréer mes vœux bien sincères et l'hommage du profond respect, avec lequel j'ai l'honneur d'être,

Monseigneur,

Votre très-humble et très-obéissant serviteur,

BLIN.

A Caen, le 16 Février 1852.

A Monsieur,

Monsieur le Ministre d'État,

Monsieur le Ministre d'État,

La France doit d'éternelles actions de grâces au Tout-Puissant, dans les offices ordinaires, pour la conservation du Prince qui, par sa miraculeuse entreprise de la fin de 1851, a sauvé le pays des désastres que le crime avait prophétisés pour 1852 ; mais nous devons honorer religieusement son Patronage et invoquer solennellement son nom à un anniversaire dont nous sommes mémoratifs, pendant le règne de son oncle, son illustre précurseur, et dont la Fête se célébrait à l'époque de l'Assomption, et sous les auspices de la Mère de Dieu.

La vie patriarchale de saint Dominique nous laisse admirer la résurrection de Napoléon, seigneur romain, opérée par le Sauveur, le jour des Cendres 1218, dans le monastère de Saint-Sixte, à Rome, à la grande satisfaction du pieux cardinal, son oncle.

L'Empereur Napoléon, ressuscité au Peuple français, dans la personne du Prince son neveu, fait allusion au miracle romain, et est un gage nouveau de la protection divine pour le nom de Napoléon, redevenu celui du Fils ainé de l'Église.

Il s'agit de l'intérêt général de l'État, dans la conservation et la sanctification du Prince chargé de la direction de ses institutions.

Ainsi, j'ai cru, Monsieur le Ministre d'État, que je devais vous supplier d'appuyer de votre haute recommandation l'humble prière que j'ai eu l'honneur d'adresser à Sa Sainteté, le 2 de ce mois, et dont je crois devoir vous transmettre une copie ci-jointe, tendant au rétablissement religieux de la Fête de SAINT-NAPOLÉCN.

Daignez agréer l'hommage du profond respect, avec lequel j'ai l'honneur d'être,

Monsieur le Ministre d'État,
Votre très-humble et très-obéissant serviteur,

BLIN.

A Caen, le 16 Février 1852.

A Monsieur
Monsieur le Ministre de l'Instruction publique
et des Cultes.

Monsieur le Ministre ,

Les miraculeux événements du mois de décembre dernier m'ont paru surpasser beaucoup ceux qui ont fait la gloire de Napoléon premier, en dehors de ses victoires militaires.

Les immenses avantages du neveu sur les héroïques succès de l'oncle, semblent avoir été dirigés par une main toute puissante et invisible ; ils m'ont frappé de cette vérité, qui est devenue à mes yeux l'évidence même : c'est que le nom de Napoléon est décerné aux favoris du Ciel. La prédilection divine, qui, au XIIIe siècle, a opéré dans le monastère de Rome, destiné à la sanctification des religieuses de cette cité éternelle, la résurrection du prince Napoléon, neveu d'un pieux cardinal , a eu pour effets salutaires d'édifier ces fidèles servantes du Seigneur, et de faire éclater la puissance que la Providence attache au nom symbolique des princes qu'elle veut rendre ses auxiliaires, pour l'exécution de ses desseins sur la terre.

N'ayant pu résister au désir de proposer, sous les auspices de la Mère de Dieu, l'invocation religieuse de Saint-Napoléon, j'ai eu la hardiesse d'adresser ma très-humble supplique au vénérable et souverain Pontife, le 2 de ce mois, jour de la Purification , pour le prier très-respectueusement de rétablir la solennité de ce suprême patronage, qui distingue les princes bienfaisants, inauguré par le premier empereur couronné enFra nce, et qui décore le premier Président de la République française

J'ai renouvelé ma supplique auprès de Monseigneur le Prince Président de la République ; auprès de Monseigneur le Prince Président du Sénat, et de Monsieur le Ministre d'Etat ; mais comme il s'agit d'un acte du culte divin, je dois également recourir à votre haute autorité, et vous supplier, Monsieur le ministre, d'accorder votre appui à la résurrection de ce glorieux anniversaire.

Daignez agréer, je vous prie,

Monsieur le Ministre,

L'hommage de ma très-sincère et très-respectueuse reconnaissance,

BLIN.

A Caen, le 18 Février 1852.

Immédiatement après le départ du courrier du 18 février, nous avons lu, à Caen, dans le *Constitutionnel* du 17, le décret suivant :

« Louis-Napoléon, Président de la République française,

« Considérant que la célébration des anniversaires politiques rappelle le souvenir des discordes civiles, et que, parmi les fêtes, c'est un devoir de choisir celles dont la consécration tend le mieux à réunir tous les esprits dans le sentiment commun de la gloire nationale,

« Arrête :

« Art. 1er. A l'avenir, sera seul reconnu et célébré, comme Fête nationale, l'anniversaire du 15 Août.

« Art. 2. Toutes les dispositions des lois antérieures, contraires au présent décret, sont abrogées.

« Fait au Palais des Tuileries, le 16 Février 1852.

« Louis-Napoléon. »

Ce décret répond dignement à tous les vœux de la France régénérée ; car la fête du 15 août était aussi l'anniversaire de la naissance de l'Empereur Napoléon, qui s'identifiait avec celui de l'Assomption.

Elle était la commémoration de cette célèbre résurrection, qui s'est accomplie aux supplications du saint Patriarche, dans le sanctuaire de Saint-Sixte, à Rome, le jour des Cendres, 1218, au milieu des saintes filles, qui venaient en prendre possession, pour s'y vouer à la perfection, sous les auspices de la Très-Sainte Mère de Dieu, dont toutes les solennités se confondent en celle de son couronnement dans le ciel.

Converties à une retraite perpétuelle, par l'effet de cette résurrection, qui ne leur permettait plus la moindre hésitation sur la vénération et l'efficacité des maximes et des statuts du pieux fondateur, elles se sont entièrement soumises à ses prescriptions, sous les auspices de la Sainte-Vierge, dont elles ont vivement réclamé, reçu et fidèlement conservé le portrait, dans leur cloître, avec un respect d'autant plus profond, qu'elles contemplent dans cette divine image, l'ouvrage de l'apôtre Saint-Luc, l'un des héroïques compagnons, l'un des disciples de Jésus-Christ, et patron de la célèbre Académie de Peinture.

C'était guidé par ces puissantes considérations, qu'en 1638, le roi de France, Louis XIII, avait placé le royaume sous la protection de la Très-Sainte-Vierge, et avait fondé les processions générales qui se font en ce jour célèbre, dont la *Prose* se termine par cette invocation à la divine Patrone :

« Présentez, vous-même, nos vœux à Dieu ; il ne peut refuser
« une mère si chérie. Intéressez sa charité en faveur de la France,
« qui vous est particulièrement dévouée. Priez-le de donner la justice
« au chef de l'État (fils aîné de l'Église), et la paix au peuple qui
« vous implore ! »

C'était dans la pensée de la haute protection, que le ciel veut bien accorder à la France, et faisant allusion aux efforts de Monseigneur le Prince Président, pour le rétablissement de la paix à Rome, que sa Sainteté le Pape Pie IX, disait récemment, sur l'événement du 2 décembre 1851 :

« Le Ciel vient d'acquitter la dette de l'Eglise envers la France ! »

Non-seulement la France témoigne sa reconnaissance au Prince qui l'a si miraculeusement sauvée de l'anarchie, mais les autres puissances de l'Europe applaudissent hautement aussi à l'opportunité des mesures qui consolident également leur sécurité.

Les plus brillantes cérémonies doivent avoir lieu à Cambrai, département du Nord, pour la solennité du 15 Août.

Il doit y assister beaucoup de Prélats, des Evêques et archevêques de France, de Belgique et d'Angleterre, spécialement Monseigneur Wisemann, archevêque de Wesminster ; cette grande pompe aura pour objet de former des vœux et d'offrir des présents à l'image de Notre-Dame-de-Grace, peinte par saint Luc et donnée à l'église de Cambrai en 1442.

Si l'origine de cette image est exacte, il faudra reconnaître que l'apôtre saint Luc, patron de l'académie de peinture, aurait multiplié les images de la Vierge ; car, longtemps avant, on lui en attribuait une autre, qui existait à Sainte-Marie-Majeure, principale église de la Vierge à Rome ; et elle fut transférée, avant le carême 1215, par le patriarche saint Dominique, l'apôtre de la France, au monastère de Saint-Sixte, quand il y convertit à la claustration les religieuses de la ville éternelle, qui, malgré les efforts antérieurs des souverains Pontifes, avaient persisté à vivre isolées, et ne se sont converties à l'austérité de cette retraite perpétuelle, que vivement émues à la vue du miracle éclatant par lequel Saint-Dominique avait fait opérer, en leur présence, la Résurrection de Napoléon, jeune Seigneur Romain ; mais elles n'y consentirent que sous la condition qu'on leur remettrait cette image de la Vierge, et qu'on leur en garantirait la possession perpétuelle.

Si un monastère de France devait être doté du portrait de Notre-Dame-de-Grâce ; incontestablement il appartenait au monastère de Notre-Dame-de-Grâce, qui est en si grande vénération en la ville d'Honfleur (Calvados), sur la côte de Grâce qui domine l'embouchure de la Seine, et donne son nom au port et à la ville du Hâvre, et dont la marine invoque le secours, comme son divin refuge et sa sauvegarde perpétuelle.

Mais Notre-Dame de la Délivrande, dont la Chapelle et le Couvent sont les principaux monuments du bourg de Douvres, chef-lieu de canton, arrondissement de Caen, aussi sur le littoral, également invoquée par les marins en danger, comme par les habitants du Continent, et où Monseigneur de Quelen, archevêque de Paris, a érigé, dans la dernière année de sa vie, une statue expiatoire, pour un célèbre défunt, était bien digne aussi de recevoir un tel gage de Grace et de miséricorde.

ORAISON A LA TRÈS-SAINTE VIERGE.

O Glorieuse Vierge Marie, sainte Mère de Dieu, qui avez inspiré aux dignes religieuses de la ville de Rome, capitale de la chrétienté, la ferme volonté de se vouer à la perfection, dans le sanctuaire de Saint-Sixte, le jour des Cendres, 1218, par l'assistance des ferventes prières du saint Patriarche Dominique, qui, imitant le Messie, a fondé l'institution d'un autre apostolat, celui des Frères Prêcheurs, chargés de renouveler les prédications de l'Évangile ; et qui, par la miséricorde du Sauveur, obtint la Résurrection de NAPOLÉON, seigneur Romain ; prodige qui a opéré dans le cœur de ces saintes Filles, que Dieu en a fait les premiers témoins, l'héroïque résolution, jusqu'alors longtemps envain sollicitée, d'abdiquer la fréquentation du monde, pour se réduire, dans le silence et l'austérité du cloître, à la pratique continuelle de la prière, solennellement ordonnée par l'œuvre universelle de la prédication ; sacrifice auquel elles ne se résignèrent, qu'en demandant humblement la grâce d'emporter avec elles, votre sainte Image, qu'elles avaient toujours honorée et conservée précédemment dans votre temple à Sainte-Marie-Majeure , depuis qu'elle avait été confiée à la Communauté, par l'Apôtre saint Luc, qui avait peint, lui-même, ce précieux tableau ; nous vous prions très-instamment d'accorder votre toute puissante protection à LOUIS-NAPOLÉON, prince choisi par la divine Providence pour gouverner la France, que, comme FILS AINÉ DE L'ÉGLISE, il a placée sous vos saints auspices, par son décret du 16 Février 1852, en ordonnant que l'anniversaire du 15 Août soit la SEULE FÊTE NATIONALE célébrée en France ; ce jour-même, celui de la naissance de L'EMPEREUR NAPOLÉON, qui a tant illustré ce pays, redevable de son salut à ce Prince, venu au monde au milieu de la commémoration de votre miraculeuse Assomption, afin de veiller, lui et sa race bénie et tutélaire, au bonheur des enfants qui vous révèrent comme leur tendre mère.

Nous vous supplions enfin, majestueuse Reine des Cieux, humblement prosternés devant vos saints Autels, érigés dans toutes les Eglises, et spécialement dans la chapelle de la DÉLIVRANDE, à Douvres, et dans la chapelle de GRACE, à Honfleur, d'accueillir et d'exaucer miséricordieusement nos vœux, pour le bonheur le plus durable du Prince, sous lequel nous sommes heureux de vivre, surtout depuis le jour mémorable où il a confondu et renversé les ennemis de l'Etat, en nous assurant une sécurité dont nous implorons la perpétuité, par votre bienfaisante intercession, ô Vierge pure et digne des louanges, dont l'écho retentit si religieusement dans ce mois, auquel le crime avait prédit et ajourné tant d'abominations, dont vous nous avez heureusement préservés, pour recevoir, au contraire, nos très-respectueux hommages et les actions de grâces que nous ne cesserons de vous rendre, en vous priant de nous être toujours favorable auprès du Tout-Puissant, dont vous partagez si affectueusement la gloire et la munificence.

AINSI-SOIT-IL !

Mai, 1852.

—◦◦◦—

Dès le commencement de mars 1852, les feuilles publiques en France annonçaient les immenses préparatifs de l'anniversaire du 15 août.

On doit l'inaugurer d'autant plus solennellement, qu'il sera célébré le JOUR DU SEIGNEUR.

Dieu, trois fois Saint, a voulu que la France rendît cette Fête triplement illustre, en 1852, puisqu'à la Sainteté de l'ASSOMPTION, qui fait briller de son éclat Virginal l'auguste Patronage du Prince LOUIS-NAPOLÉON, se joint la majesté du DIMANCHE.

La solennité du 15 août, l'an 1852, sera consacrée aux cultes de toutes les puissances célestes : au culte de DULIE, au culte D'HYPER-DULIE et au culte de LATRIE. La nouvelle Lune illuminera ce beau jour.

Caen, imprimerie adm. et com. B. de Laporte et Cᵉ